EL CAMINO
HACIA PROPÓSITO

de Napoleon Hill

EL CAMINO
HACIA PROPÓSITO
de Napoleon Hill

7 Pasos para vivir una
vida que importa

FUNDACIÓN NAPOLEON HILL

Publicado y Distribuido por:

SOUND WISDOM

PO Box 310

Shippensburg, PA 17257-0310

717-530-2122

info@soundwisdom.com

www.soundwisdom.com

ISBN 13 TP: 978-1-64095-467-0

ISBN 13 eBook: 978-1-64095-468-7

Para distribución mundial. Impreso en los Estados Unidos de América

1 2 3 4 5 6 7 8 / 28 27 26 25 24

CONTENIDO

CONTENIDO

Si no tienes las fuerzas para imponer tus

propios términos a la vida, entonces tienes

que aceptar los términos que esta te ofrece.

—T. S. ELIOT

POR DON M. GREEN

Director Ejecutivo y Director y CEO
de la fundación Napoleon Hill

El famoso autor y conferenciante Napoleon Hill estaba hablando en una convención dental en Chicago, Illinois, en 1952, y el magnate de seguros W. Clement Stone, seguidor de las enseñanzas de Hill desde hacía mucho tiempo, asistió y se presentó a Hill. En aquel momento, Napoleon tenía sesenta y nueve años, estaba semiretirado y viviendo felizmente con su esposa, Annie Lou, en California, pero Stone tenía una idea: él y Hill podrían formar un negocio juntos y seguir difundiendo la filosofía del éxito. Stone fue persuasivo y convenció a Hill para que saliera de su semirretiro y volviera a escribir y hablar bajo los auspicios de Asociados Napoleon Hill, la organización que pronto fundaron.

Uno de sus primeros proyectos fue organizar una serie de conferencias enfocadas en los diecisiete principios del éxito de Hill, que se impartirían en persona a aprendices que luego podrían enseñar la filosofía del éxito. Las conferencias se impartieron en 1953 y, a partir de entonces, se comenzaron a usar como base para la enseñanza en las aulas.

Las lecciones de este libro se derivan de estas conferencias nunca antes publicadas. Los principios que aquí se presentan fueron seleccionados para mostrar el punto de partida de todo logro, tal como lo explicaba Hill, que es tener un Propósito Principal Definitivo. Dicho de otro modo, a menudo él decía y escribía: "Primero, ¿qué quieres?", porque sin un objetivo definitivo no puede haber éxito. Sin un propósito principal, el uso de los otros principios carece de guía y de eficacia. En consecuencia, la introducción de este libro ilumina este requisito fundamental para el éxito, y los siete capítulos siguientes detallan los principios de cómo puede uno seleccionar, aplicar y realizar su Propósito Principal Definitivo, a saber, la visión creativa, los planes definidos, la fe aplicada, pensar acertadamente, la autodisciplina, la atención controlada y la ley de la atracción armoniosa.

Creemos que disfrutarás de los consejos prácticos y la visión filosófica que contienen estas páginas sobre cómo encontrar el propósito y el enfoque en la vida. Las ideas son tan ciertas hoy como cuando se pronunciaron las conferencias originales, a mediados del siglo pasado. Los principios del éxito de Napoleon Hill nunca caducan y son eternos.

Después de leer este libro y aprender de él, esperamos que te preguntes: "En primer lugar, ¿qué es lo que quiero?". Sigue leyendo, estudiando y ponderando el contenido de este libro, y estarás equipado no solo para responder a esa pregunta, sino también para vivirla.

INTRODUCCIÓN

DEFINITIVIDAD DE PROPÓSITO

Definitividad de propósito es el punto de inicio de todo logro. Recuerda esta afirmación porque es fundamental para tu felicidad personal y profesional. No puede haber éxito en forma alguna sin comenzar con un Propósito Principal Definitivo, una motivación central tan específica, fija y vital que la consecución de su objeto te proporciona una sensación de realización profunda y duradera y la capacidad de resistir la derrota temporal. Todas las riquezas —emocionales, psicológicas, económicas, materiales y relacionales— se desarrollan sobre la base de la Definitividad de Propósito.

Si reunieras a cien personas, noventa y ocho de ellas carecerían de esta cualidad esencial. ¡Piensa en ello! El noventa y ocho por ciento de las personas del mundo no tienen ni idea del tipo de trabajo para el cual están mejor dotadas ni del objetivo que las inspirará a esforzarse continuamente por su obtención. Se sienten perfectamente bien yendo sin rumbo por la vida, luchando para completar rutina diaria sin una visión mayor de su futuro. Cada día es como el anterior: corren de una tarea a otra con la esperanza de completar una

11

lista de tareas pendientes que no las lleva a ninguna parte en particular, a la vez que albergan un sentimiento en la boca del estómago de que la vida debe ser algo más que mantenerse ocupados. Este es el destino de la inmensa mayoría de las personas, porque sus acciones no están respaldadas por un deseo ardiente que se haya solidificado en un Propósito Principal Definitivo, ni dirigidas hacia él. De hecho, solo dos de cada cien personas tienen algo remotamente parecido a la Definitividad de Propósito, y estas son las que logran el éxito porque *no se conforman con nada que no sea lo que quieren de la vida.*

Espero que te propongas a partir de hoy en adelante no conformarte con nada que no sea lo que quieres. Prométete a ti mismo ahora mismo que te pondrás en un camino que te lleve a encontrar y vivir tu propósito, para que puedas vivir una vida que te llene con un sentido de significado. ¿Lo harás? No estoy meramente usando palabras vacías cuando te digo que no tienes que conformarte con cualquier cosa que sea menos de lo que deseas. Si estás realmente decidido a obtener algo, puedes obtenerlo. Por supuesto, si no tienes la ambición de empezar a hacer que la vida valga la pena en tus propios términos, no hay nada que yo ni nadie pueda hacer. Pero el hecho de que estés leyendo este libro sugiere que tienes un fuego en tu interior esperando a ser encendido: un deseo que, una vez despertado, te impulsará a recibir cada día con un firme sentido de propósito y un apetito por lograr algo.

Los pasos delineados en este libro trazan el camino hacia la Definitividad de Propósito, pero también proveen una hoja de ruta hacia la libertad. La filosofía del logro individual de la cual se derivan es una filosofía de libertad y abundancia humanas. Es un antídoto para la pobreza y la carencia. No solo te pondrá en el camino del éxito material y financiero, sino que te dará un regalo mucho mayor de libertad espiritual y mental. Porque todas estas formas de riqueza —tanto las tangibles como las intangibles— se encuentran en la búsqueda del cumplimiento de un propósito mayor que está firmemente conectado con las habilidades, inclinaciones y capacidades únicas de cada uno. Observa que he dicho la búsqueda del cumplimiento un objetivo mayor. La verdadera libertad no se encuentra en la obtención de un gran objetivo, sino en el esfuerzo constante por alcanzarlo.

Existen más oportunidades de libertad personal ahora que en cualquier otro momento de la historia, pero depende de ti aprovecharlas por medio de tener una idea definida de lo que quieres que te hará libre y un plan definido mediante el cual puedas obtener tu propósito. La libertad de cuerpo y mente requiere planeación muy cuidadosa para lograrla, y "pocos son los que la encuentran". Muchas personas, incluso las que tienen mucho dinero, se atan a demasiadas "cosas" y no llegan a ser verdaderamente libres. Conforme vayas dando pasos hacia la realización de tu propósito, recuerda que el éxito no es un destino final, sino una mentalidad. Es un estado mental en el que tienes el control absoluto de tus pensamientos para poder evitar las trampas de la distracción, la procrastinación, el temor y la negatividad que cada día intentarán desviarte de la realización de tu propósito.

La maravillosa realidad es que esta forma de éxito está al alcance de todos. Todo ser humano tiene la capacidad de asumir el control absoluto de su propia mente. De hecho, el pensamiento es lo único sobre lo cual los seres humanos tienen un control absoluto. La

Definitividad de Propósito es el primer paso hacia la obtención de este control mental.

Tu pensar te hace ser lo que eres y lo que llegarás a ser. Si las circunstancias de tu vida no son de tu agrado, puedes cambiarlas modificando tu actitud mental para que se ajuste a las circunstancias que deseas. Los siete pasos descritos en este libro te mostrarán cómo hacer precisamente eso, al alinear tus pensamientos y acciones con un Propósito Principal Definitivo. A medida que apliques cada principio, irás limpiando cada vez más la maleza que entorpece tu camino hacia propósito, para que puedas avanzar con confianza en tu travesía hacia la libertad personal, el éxito duradero y la contribución ilimitada, *viviendo una vida que importa.*

CAPÍTULO 1

DETERMINA LO QUE MÁS QUIERES DE LA VIDA

El punto de partida de todo logro individual es la adopción de un Propósito Principal Definitivo y un plan definido para su obtención. Este capítulo trata del primer componente de esta fórmula fundamental del éxito: seleccionar un propósito mayor hacia el cual deben dirigirse tus pensamientos y esfuerzos. De todos los deseos que se revolotean en tu mente, muchos de los cuales son pasajeros y se olvidan casi tan pronto como se forman, ¿cómo sabes lo que realmente quieres en la vida? ¿Y cómo puedes estar seguro de que lo que quieres merece tu tiempo y tu energía día tras día, año tras año, que te conducirá a la paz mental y a un sentido duradero de realización? Aunque algo de esto requiere fe, los principios de este capítulo te ayudarán a abrirte paso en medio del ruido, interno y externo, que impide que tantos de nosotros establezcamos un propósito principal, de manera que puedas definir el tuyo, de forma clara y concisa, y empezar a practicarlo en tu vida ahora mismo.

LOS BENEFICIOS DE ELEGIR UN PROPÓSITO PRINCIPAL DEFINITIVO

Antes de que descubramos el proceso de elección de un Propósito Principal Definitivo en la vida, establezcamos las numerosas ventajas de decidirse.

1. Determinar tu propósito principal *te permitirá desarrollar varias cualidades importantes* que mejorarán tu capacidad para lograr tus objetivos en la vida, como:

   - Autosuficiencia
   - Iniciativa personal
   - Imaginación
   - Entusiasmo
   - Autodisciplina
   - Concentración de esfuerzos

2. La Definitividad de Propósito *te anima a especializarte, y la especialización tiende a la perfección.* Cuando hayas encontrado la combinación correcta de tus propias aptitudes básicas (capacidades físicas y mentales) y deseos (gustos y desagrados) y la oportunidad correspondiente para utilizarlos, debes empezar inmediatamente a adquirir conocimientos especializados en tu principal campo

La definitividad de propósito tiene una forma de magnetizar la mente para atraer hacia ti el conocimiento especializado necesario para el éxito.

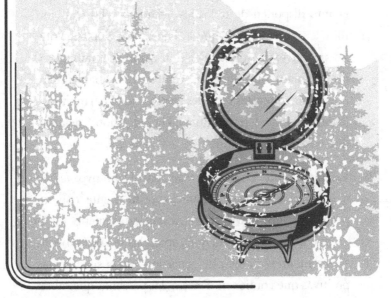

de interés (las cosas que más quieres hacer). La Definitividad de Propósito tiene una forma de magnetizar la mente para atraer hacia ti el conocimiento especializado necesario para el éxito.

3. La Definitividad de Propósito *te inducirá a presupuestar bien tu tiempo y tu dinero* y a planificar todos tus esfuerzos cotidianos para que conduzcan a la obtención de tu propósito principal.

4. La Definitividad de Propósito alerta a la mente acerca de oportunidades y da valentía para acción.

5. La Definitividad de Propósito *te ayuda a desarrollar la capacidad de llegar a decisiones con rapidez y firmeza.* Las personas con éxito toman decisiones rápidamente —en cuanto disponen de todos los hechos— y las cambian muy lentamente, si es que lo hacen. Las personas que no tienen éxito toman decisiones muy lentamente y las cambian con frecuencia y rapidez. Probablemente puedas imaginar los terribles resultados de permitir que la indecisión te deje "siempre en la indecisión", dejando que otros piensen por ti.

6. Establecer un Propósito Principal Definitivo *inspira la cooperación de otros.* Acondicionar tu mente con un propósito claro y firme enviará señales a quienes están en tu entorno, haciendo que capten las señales subconscientemente y actúen de acuerdo con las sugerencias positivas que contienen. Por eso, las personas que saben

a dónde se dirigen y están decididas a llegar hasta allí siempre encontrarán ayudantes dispuestos en el camino.

7. Definitividad de Propósito *prepara la mente para la fe.* Hace que la mente sea positiva y la libera de las limitaciones del temor, la duda, el desánimo, la indecisión y la procrastinación. La duda suele dar lugar a pretextos, excusas y disculpas por el fracaso.

8. Por último, elegir tu propósito principal te proporciona *una conciencia de éxito.* Tu mente se " convence" de lograr el éxito y se niega a aceptar la posibilidad de fracasar.

CÓMO IDENTIFICAR TU PROPÓSITO PRINCIPAL DEFINITIVO

Ahora que hemos examinado los muchos beneficios de identificar tu Propósito Principal Definitivo, hablemos de cómo precisar este objetivo tan crucial. Empieza por preguntarte *¿Qué es lo que más deseo de la vida?* Eso es algo que tú y solo tú puedes decidir. Este propósito principal puede compararse con un plano que estás dibujando de toda tu vida futura, incluyendo todos y cada uno de los elementos que posiblemente puedas anticipar como un objeto de tu deseo en este momento. Puede incluir distintas combinaciones de objetivos menores o secundarios, como por ejemplo:

• La naturaleza de tu ocupación, que debe ser algo de tu propia elección.

- La cantidad de tus ingresos semanales, mensuales o anuales, que debe ser suficiente para permitirte disfrutar de un nivel de vida que hayas elegido y para proveer en caso de enfermedad, accidente, vejez y pérdida de capacidad de ganancia.

- Un plan para desarrollar y mantener armonía en todas tus relaciones humanas: en tu casa, en tu trabajo, donde juegas y te relajas. Las relaciones humanas son vitales para tu objetivo en la vida, porque tienes que contar con la cooperación de otros para lograr cualquier éxito por encima de la mediocridad.

Para ayudarte a tener una abundancia de ideas, intenta escribir tu propósito principal como si estuvieras escribiendo una carta a un amigo, explicándole qué es lo que más quieres hacer en la vida. Incluye detalles como:

- Los objetivos que quieres obtener

- La información o los conocimientos que quieres adquirir

- La clase de trabajo que quieres hacer

- La clase de persona que quieres ser: tu personalidad, carácter y otros rasgos relevantes

- Cuánto quieres ganar y recibir cada año

- Los lugares que quieres visitar y ver

- Las habilidades, artes, oficios y ciencias que deseas dominar

De esta carta, extrae los detalles clave acerca de tu propósito principal y organízalos en categorías. Crea una tabla con cinco encabezamientos: Vocación, Crecimiento personal, Hogar y vida familiar, Desarrollo espiritual y Responsabilidades sociales. Enumera los distintos detalles que extrajiste de tu carta bajo el encabezamiento con el que se relacionen más estrechamente.

A partir de ahí, encierra en un círculo los elementos e ideas que no sean negociables para ti, que son integrales a tu visión del éxito y significado, independientemente de cómo definas estos intangibles.

Este ejercicio debe ayudarte a desgranar los elementos más cruciales de tu Propósito Principal Definitivo, que ahora debes poder formatear como una declaración clara y concisa. Considera usar el siguiente modelo:

Lograré _____ para la fecha de _____. Quiero dirigir toda mi energía y todo mi esfuerzo hacia alcanzar este objetivo principal porque _____. Y estoy dispuesto a dar _____ a cambio por lograr este propósito en mi vida.

Sé específico; sé definido, porque si tus objetivos en la vida son vagos, tus logros también serán vagos (y probablemente también muy escasos). Sabe lo que quieres, cuándo lo quieres, por qué lo quieres y cómo piensas conseguirlo. Y no olvides reconocer el costo de lo que probablemente requiera la realización de tu objetivo principal, ya que nada de lo que vale la pena hacer en la vida viene sin un precio, ya sea en tiempo, dinero u otros compensaciones.

Si tus objetivos en la vida son vagos, tus logros también serán vagos.

EXPLORA TU PROPÓSITO POR MEDIO DE LA VISIÓN CREATIVA

La imaginación es una herramienta poderosa para enriquecer tu comprensión del propósito principal de tu vida. La imaginación, o visión creativa, puede ser una cualidad innata de la mente, o puede ser una cualidad adquirida, pues puede desarrollarse mediante el uso libre e intrépido de la facultad de la imaginación.

Sin duda, nadie afirmaría que Thomas A. Edison nació con la cualidad inherente de genio, porque si eso hubiera sido cierto, ¿por qué lo enviaron a casa desde la escuela después de solo tres meses de educación escolar con una nota de su maestra diciendo que tenía una mente atontada y que por lo tanto no podría beneficiarse de una educación? ¿Y por qué fue cambiando de un trabajo a otro antes de encontrarse a sí mismo?

No, Edison no nació ya un genio. Se convirtió en un genio por la inspiración de motivos que lo llevaron a hacer un inventario de sí mismo, a decidirse sobre lo que más deseaba hacer, y luego a empezar, justo donde estaba, a hacer precisamente eso.

La visión creativa de Edison fue producto de su propia mente, ¡y de su propia creación! Lo mismo puede decirse de Henry Ford y Andrew Carnegie y de todos los demás grandes líderes americanos a los que la mayoría de nosotros hemos aprendido a respetar por sus contribuciones al modo de vida americano.

Una de las debilidades comunes de la mayoría de nosotros consiste en que miramos con envidia a las personas que han obtenido algún éxito digno de mención, juzgándolas en la hora de su triunfo sin tomar en cuenta el precio que cada una tuvo que pagar por su éxito. Y creemos erróneamente que deben su éxito a alguna clase de suerte, conexión o deshonestidad.

El logro personal tiene un precio definido, y esas personas con visión creativa no solo conocen el precio, ¡sino que están dispuestas a pagarlo! Exploran, prueban y perfeccionan sus ardientes deseos hasta que han afinado un propósito claro cuya consecución les aportará las riquezas (materiales o de otro tipo) que más desean y que servirá a otros de algún modo.

UNA PRUEBA PARA TU PROPÓSITO PRINCIPAL DEFINITIVO

Puede que te preguntes: ¿Cómo puedo estar seguro de que el Propósito Principal Definitivo que he elegido para mí merece la pena? Una prueba para saber si el propósito que tienes ahora en mente merece ser un propósito principal consiste en hacerte las siguientes preguntas:

- *¿Estoy dispuesto a pasar la mayor parte de mi vida haciéndolo realidad?*
- *¿Valdrá la pena el precio que tenga que pagar por ello?*
- *¿Beneficiará su obtención a otros más allá de mí?*

Si la respuesta a las tres preguntas es un sí resonante, entonces se trata de un objetivo digno del compromiso que requiere un Propósito Principal Definitivo. Si no puedes estar seguro de estos tres puntos, considera la posibilidad de dedicar más tiempo a reflexionar sobre lo que te inspira en la vida y cómo podría canalizarse en un propósito que conduzca al éxito, la significancia y el impacto.

Si no estás acostumbrado a fijar objetivos y lograrlos, y si no estás acostumbrado a planear a largo plazo, empieza con un propósito menor, pero importante. Fíjate un propósito que tengas que lograr, digamos, dentro de seis meses o un año. Luego, a medida que lo vayas logrando, márcate un objetivo mayor, más difícil y a más largo plazo, adquiriendo así el hábito antes de fijar tu propósito principal para toda la vida.

Una vez que hayas establecido este ritmo de formación y cumplimiento de hábitos, vuelve a los ejercicios de este capítulo para ver si puedes acercarte más a la determinación de tu Propósito Principal Definitivo. Cuando puedas articular tu Propósito Principal en una declaración clara y concisa, escríbela en una tarjeta que puedes siempre llevar contigo. Léete esta declaración de tu Propósito Principal Definitivo en voz alta una vez cada mañana y cada noche, como mínimo, hasta que la hayas memorizado. Recuérdalo cada vez que puedas. En la repetición de tu propósito, ponle emoción a cada punto y visualiza los beneficios que te reportará a ti y a todos los demás implicados su realización.

Determinar tu Propósito Principal Definitivo es el paso más crítico en el camino hacia el logro individual. Tómate tu tiempo para identificar tu propósito principal, porque aunque los planes puedan cambiar, tu propósito no debe cambiar, al menos no sustancialmente. Puede que se refine, pero debe ser la estrella polar que guíe todas tus acciones, y recuerda que el propósito sin acción es completamente

Determinar tu Propósito Principal Definitivo es el paso más crítico en el camino hacia el logro individual.

ineficaz. Como dijo Andrew Carnegie: "El camino del éxito es el camino de la acción", una acción basada en la Definitividad de Propósito. Teniendo esto en cuenta, pasamos ahora a la formación de un plan definido, que es cómo deben expresarse nuestros pensamientos y acciones para obtener el objeto de nuestro propósito principal.

CAPÍTULO 2

DISEÑA PLANES DEFINIDOS PARA LOGRAR TUS OBJETIVOS

C omo aprendiste en el capítulo anterior, todo logro, independientemente de su magnitud, comienza con un Propósito Principal Definitivo y un plan definido para su obtención. Un propósito sin acción que lo respalde no es más que un deseo. En realidad, desear no es más que una forma de procrastinación.

Un Propósito Principal Definitivo es un objetivo tan fuerte y específico que te incita a tomar acción hacia su realización cada día. Pero para que esta acción sea constructiva, tienes que definir tu camino: tu plan. Planear garantiza que tus acciones estén alineadas para apoyar el logro de tu objetivo, y te permite conseguir el apoyo de otros para acelerar tu progreso. El primer paso para elaborar un plan impactante para la obtención del objeto de tu Propósito Principal Definitivo es determinar qué motivo o combinación de motivos impulsarán tus acciones.

SELECCIONA LOS MOTIVOS CORRECTOS

Algunas personas confunden motivos con propósito, pero tú no eres una de esas personas. Sabes que los motivos se basan en emociones y deseos, mientras que propósito es un objetivo definido hacia el cual te estás esforzando. Uno es un sentimiento; el otro es lo más parecido posible a un hecho. Tu Propósito Principal Definitivo es tu verdad, el objetivo cuya realización exige cada gramo de tus talentos naturales, habilidades y autodisciplina. Pero no descartes las emociones: para lograr tu propósito principal, tienes que identificar el conjunto adecuado de motivos para respaldar tus acciones. Tener un deseo ardiente detrás de tu propósito principal es esencial, y no vas a tener un deseo ardiente a menos que tengas un motivo que te encienda emocionalmente.

Hay nueve motivos básicos que informan todas las acciones:

1. *La emoción del amor,* de la cual existen varios tipos: el amor a la verdad o al principio, que es la forma más elevada de amor; el amor romántico, que incluye los ingredientes de la atracción física, el afecto y el compañerismo intelectual y espiritual; el amor al prójimo, que incluye el amor paterno, el amor a otros miembros de la familia, a los amigos, etc.; una labor de amor, que es un disfrute profundo del trabajo de tal modo que hace surgir tu mejor esfuerzo creativo; y el amor propio.

2. *La emoción del sexo,* que, cuando se canaliza hacia un objetivo superior, puede inspirar el verdadero genio.

3. *El deseo de ganancia material,* que es más eficaz cuando no te enfocas en la mera posesión de riquezas materiales, sino en el bien que puedes hacer con ellas.

4. *El deseo de autoconservación,* ya que nada hará que un individuo se esfuerce más y conecte más profundamente con su "otro yo" -el yo interior cuya determinación es tan fuerte que superará cualquier desafío- que enfrentarse al hambre o a algún otro desafío a sus necesidades básicas.

5. *El deseo de libertad de cuerpo y mente,* de poder vivir y trabajar según tu propio horario, a tu manera, es la razón por la que muchos se fijan grandes metas.

6. *El deseo de autoexpresión y reconocimiento,* que obliga a muchos a dirigir sus talentos y habilidades hacia el logro de un gran objetivo.

7. *El deseo de vida después de la muerte,* ya que dejar un legado motiva a muchos a perseguir la grandeza.

8. *El deseo de venganza,* un motivo negativo que, aunque poderoso, puede ser contraproducente. Nada conduce más fácilmente al fracaso que intentar privar a otro de lo que le pertenece por derecho.

9. *La emoción del temor,* otro motivo destructivo que puede cobrar vida propia si no se mantiene bajo control. Para lograr tus objetivos, tienes que controlar los poderes de tu mente y mantenerlos enfocados de forma positiva hacia el objeto de tu deseo.

Estos nueve motivos constituyen el "alfabeto del éxito", que asegura que permanecerás comprometido con el logro de tus objetivos. También te permiten interactuar más eficazmente con otras personas, ya que todas las personas emprenden acciones voluntarias debido a un motivo.

Toma tiempo ahora para considerar qué motivo o combinación de motivos te mantendrán comprometido a trabajar hacia tu Propósito Principal Definitivo, incluso (o especialmente) en los días más difíciles.

ACTIVA LA MENTE SUBCONSCIENTE

Tener un motivo o un conjunto de motivos fuertes no solo te mantendrá comprometido en la consecución de tu Propósito Principal Definitivo, sino que también activará la mente subconsciente para que te ayude a determinar el mejor plan para la realización de este propósito. Aunque en realidad nadie sabe mucho acerca de cómo funciona la mente subconsciente, sí sabemos que hay algún elemento en la mente que actúa de forma muy similar a la película muy sensible en una cámara.

La mente subconsciente es capaz de recibir cualquier imagen que le transfiera la mente consciente bajo la influencia de una emoción fuerte. La mente consciente actúa como la "lente" de la cámara mental. Reúne los rayos de luz reflejados por el objeto de tu deseo y los lleva a un punto focal. Conseguir buenas fotos con esta cámara es como conseguirlas con cualquier otra: el enfoque tiene que ser nítido, tiene que haber una buena exposición y el momento tiene que ser el

Estos nueve motivos constituyen el "alfabeto del éxito" que aseguran que permanecerás comprometido a lograr tus objetivos.

Existe algún elemento en la mente que actúa de manera muy similar a la película muy sensible en una cámara.

correcto. Enfoque correcto significa conseguir una definición clara del objeto: eso es la Definitividad de Propósito. La configuración o composición de la imagen debe hacerse con cuidado y precisión, y los elementos tienen que estar muy bien definidos; en otras palabras, debes conocer el tamaño, la forma, el color, la textura, el valor y la cantidad de lo que quieres, si es algo material, y el equivalente de estas cualidades si es algo intangible.

Cuando tienes una imagen vívida en tu mente consciente (la lente), y cuando relacionas todos los elementos de la imagen de tu sueño con uno o varios de los nueve motivos básicos, esta motivación te permitirá crear un deseo ardiente. Mientras estés bajo esta emoción, podrás transferir la imagen a tu mente subconsciente (la película) con todo su brillo y detalle originales. El "momento oportuno" varía según la intensidad de tu deseo cuando se realiza la "exposición", y en este tipo concreto de cámara, pueden ser necesarias varias "tomas" antes de que la imagen se revele por completo. Cuando la imagen se transfiere con éxito a tu mente subconsciente, esta se asociará con tu imaginación para generar el mejor plan para lograr tu objetivo principal.

SIÉNTATE EN ESPERA DE IDEAS

Ahora que tienes el motivo o conjunto de motivos correctos para ponerle emoción a tu Propósito Principal Definitivo, dándole viveza y urgencia dentro de la mente subconsciente, es hora de empezar a elaborar un plan para la realización de tu objetivo. Todos los planes empiezan con una idea, y solo hace falta una buena idea para obtener el éxito que deseas.

¿Sabías que las ideas son las que hacen girar el mundo? Las ideas son los únicos bienes que no tienen valores fijos. Y las ideas son el comienzo de todos los logros. Las ideas surgen como resultado de la Definitividad de Propósito. La parte más importante de este libro no está escrita en estas páginas: ¡*ya está en tu propia mente!* Las lecciones de este libro te enseñarán a aprovechar el estupendo poder potencial de tu propia mente y a organizar el conocimiento que ya tienes y convertirlo en el poder necesario para el desarrollo y la obtención de tu principal propósito en la vida.

Hay dos formas principales en que la mente puede elaborar un plan para tu éxito: usar la imaginación creativa o la imaginación sintética. Con la imaginación creativa, tu mente subconsciente se asocia con la Inteligencia Infinita para generar una idea completamente nueva. Este pensamiento totalmente original surge como un destello de inspiración o una "corazonada", como si una fuerza externa lo hubiera depositado en la mente.

El tipo más común de pensamiento creativo implica la imaginación sintética, mediante la cual las ideas existentes se reorganizan o recontextualizan para producir nuevas combinaciones. La invención de la cadena de supermercados Piggly Wiggly es un excelente estudio del valor de la imaginación sintética. En Memphis, Tennessee, a la hora de comer, un joven se quedó mirando una larga cola de clientes en una cafetería de autoservicio recién establecida, que esperaban su turno, con bandejas en la mano, para servirse. La curiosidad le animó a unirse a la fila y averiguar cómo

Las ideas son el comienzo de todos los logros.

funcionaba el nuevo sistema. Mientras colocaba su último plato en la bandeja, su curiosidad empezó a manifestarse en forma de imaginación.

Ya para cuando había terminado de comer, su imaginación había concebido una idea que estaba destinada a mejorar en gran medida sus finanzas. La idea no era nueva, pues consistía en el sistema de autoservicio que acababa de ver en funcionamiento, pero fue trasladada con ayuda de su imaginación a un nuevo escenario y a un nuevo uso. Razonó que el sistema de autoservicio iría bien en el negocio de las tiendas de comestibles, y enseguida puso en práctica esa idea creando la primera tienda de comestibles Piggly Wiggly. A la primera tienda le siguieron otras hasta que la cadena Piggly Wiggly estuvo en funcionamiento en gran parte de los Estados Unidos. En sus primeros cuatro años de funcionamiento, las tiendas tuvieron tanto éxito que Saunders vendió el negocio por 4.000.000 de dólares, ¡recibiendo así un millón de dólares al año por darle un nuevo uso a una idea ya establecida! El tiempo necesario para crear esa idea fue menos de una hora, pero fue el momento más rentable de la vida de Saunders.

A veces impedimos nuestro propio progreso porque estamos convencidos de que necesitamos una idea totalmente nueva, pero hay verdadero poder en las ideas reutilizadas. No te limites a la imaginación creativa; en lugar de ello, considera cómo podrías respirar nueva vida a ideas que otros han probado y desechado, o simplemente reelabora una idea de éxito en una versión diferente que te ayude en tu propósito.

Activar la imaginación para guiarnos hacia el plan correcto para nuestro propósito requiere que cultivemos conciencia, tanto interna como externa.

Activar la imaginación para que nos guíe hacia el plan correcto para nuestro propósito requiere que cultivemos conciencia, tanto interna como externa. El Dr. Elmer R. Gates, científico y gran inventor contemporáneo de Thomas A. Edison, tenía un método único para desconectarse del ruido (interno y externo) y sintonizar con su entorno y su subconsciente para localizar ideas sobre cómo lograr sus objetivos. Me refiero a este método como "el hábito de sentarse en espera de ideas", porque eso es precisamente lo que hacía. Para ello, tenía una habitación a prueba de ruidos en la que realizaba su "sesión de estar sentado". Cuando deseaba resolver un problema, entraba en esta habitación, cerraba la puerta, se sentaba ante una mesa donde tenía un lápiz y papel, y apagaba las luces. Entonces concentraba sus pensamientos en la naturaleza de su problema y esperaba la recepción de las ideas que necesitaba para su solución.

A veces las ideas empezaban a fluir inmediatamente en su mente. Otras veces, esperaba una hora o más antes de que empezaran a surgir. Y en algunas ocasiones, no surgía ninguna idea, pero tales ocasiones eran raras. Con este método, el Dr. Gates refinó y perfeccionó más de 250 patentes, algunas de las cuales cubrían ideas que otros inventores con una imaginación más débil habían intentado perfeccionar sin éxito. Añadió a sus ideas el toque final necesario para dotarlas de perfección mecánica.

ELABORA UN PLAN

Ya sea que "te sientes en espera de ideas" o que las reúnas pieza por pieza, en algún momento tendrás que plasmarlas en un plan escrito. Existe la tentación de formar y retener el plan en tu mente, en lugar de escribirlo; sin embargo, es crucial que comprometas tu plan por escrito para que, a través de la escritura, lo grabes en tu subconsciente, además de tener así una guía escrita a la que puedes recurrir con regularidad. Redacta un plan definido, claro y conciso mediante el cual pretendes lograr tu Propósito Principal Definitivo.

Incluye los siguientes detalles:

1. Indica el tiempo máximo que estás permitiendo para la realización de tu deseo.

2. Desglosa el logro en unidades de esfuerzo que estén en el ámbito de la posibilidad y la probabilidad. ¿Qué pretendes completar este mes? ¿Dentro de seis meses? ¿Acerca de finales de año? ¿Dentro de cinco, diez o más años? Sé atrevido y confía en tus intenciones, pero mantenlas dentro de los límites de lo que puedes lograr razonablemente por ti mismo o con la ayuda de otros.

3. ¿De quién necesitarás talento, tiempo, influencia y/o recursos para obtener el objeto de tu deseo? Sé lo más específico posible, indicando también cuándo solicitarás el apoyo de esas personas.

No permitas que la planeación se convierta en una máscara para la procrastinación.

4. Es importante que describas precisamente lo que pretendes dar a cambio de la realización de tu propósito.

Haz que tu plan sea flexible para permitir cambios. Tu Propósito Principal Definitivo, si realmente lo es, no cambiará hasta que se cumpla, pero el plan para lograrlo puede cambiar muchas veces.

Guarda tu Propósito Principal Definitivo y tus planes para lograrlo estrictamente para ti. No hables de ellos ni se los cuentes a nadie, excepto a los miembros de tu alianza de mente maestra.

Recuerda llamar a tu conciencia tu propósito principal y tus planes tan a menudo como te resulte práctico. *Mantén tu mente en las cosas que quieres y apartada de las que no quieres.*

COMIENZA ANTES DE QUE TU PLAN ESTÉ LISTO

Tu plan tardará tiempo en desarrollarse, e incluso después de crearlo habrá momentos en los que tendrás que refinarlo, o quizá incluso descartarlo por completo en favor de otro. Si esperas hasta que tu plan sea "perfecto" para tomar acción, entonces nunca avanzarás en la obtención del objeto de tu propósito principal. Andrew Carnegie reconoció los peligros de la acción diferida cuando explicó:

Si un hombre desea hacer algo, debe empezar justo donde está y comenzar a hacerlo. Pero la mayoría de las personas dirán: "¿Qué herramientas usaré? ¿De dónde conseguiré el capital que necesito para empezar?

¿Quién me ayudará?" Mi respuesta es que las personas que logran algo digno de mención suelen empezar antes de tener a mano todo lo que necesitan. Nunca he estado totalmente listo para nada de lo que he emprendido, y dudo que alguien lo haya estado alguna vez. Uno de los fenómenos más extraños de la experiencia humana es que el hombre que empieza donde está y hace lo mejor que puede con los medios de que dispone, muy pronto encuentra otros medios mejores de lograr sus objetivos. Misteriosamente, las herramientas necesarias, las oportunidades y la ayuda de otros se ponen a su disposición, de una manera u otra.

La queja que tantas personas ofrecen, de no estar preparados, no suele ser más que un pretexto con el cual no engañan a nadie más que a sí mismos. La vida de una persona promedio es, aun en el mejor de los casos, corta. El tiempo pasa deprisa, y quien no aprovecha cada segundo de su porción de tiempo y lo usa provechosamente, se verá abandonado a su suerte en las circunstancias competitivas de la vida. Las decisiones tienen que tomarse, los objetivos tienen que elegirse, los planes tienen que crearse para la obtención de los objetivos, y la persona que vacila cuando tiene a mano todos los hechos necesarios para permitirle tomar una decisión nunca llegará a ninguna parte.

No permitas que la planificación se convierta en una máscara para la procrastinación. Reúne todos los conocimientos que puedas para elaborar un plan inicial basado en pensar acertadamente, aunque solo puedas identificar los primeros pasos que debes dar. Probablemente nunca sentirás que estás completamente preparado para iniciar algún proyecto. Siempre habrá algo más que podrías hacer para preparar tu "despegue". Pero debes empezar donde estás, trabajar con las herramientas que tengas a mano, y otras mejores se te irán revelando a medida que avances. Da un paso adelante y prueba tu equipo actual. Implementar un plan preliminar te permitirá poner a prueba su solidez y cultivar tu iniciativa personal, de modo que mantengas el hábito de ser decisivo y actuar. El impulso positivo resultante jugará a tu favor cuando intentes obtener tu Propósito Principal Definitivo.

CAPÍTULO 3

FORTALECE TU PROPÓSITO CON FE APLICADA

Cuando primero formamos nuestro Propósito Principal Definitivo, a menudo nos sentimos tan seguros de él; positivos de que es la realización más elevada de nuestros sueños, habilidades y talentos; seguros de que podemos hacer lo que tenemos que hacer para lograrlo. Pero cuando llega el momento de actuar hacia un objetivo menor en el camino hacia nuestro propósito principal, nos encontramos vacilando. Empezamos a dudar de nuestra capacidad para lograr nuestros objetivos. Y lo que es peor: empezamos a dudar de nuestro propósito. Para mantenernos en el camino del éxito, necesitamos respaldar nuestro propósito con una fe inconmovible en nuestra capacidad para lograrlo. Afortunadamente, la fe no es un sentimiento que recibimos pasivamente; es un estado mental que podemos —y debemos— cultivar activamente.

LA BATALLA ENTRE EL TEMOR Y LA FE

Existen dos estados mentales en los cuales formamos nuestros pensamientos y los convertimos en acciones: el temor y la fe. El temor es un estado mental que abarca las emociones de la duda, la preocupación y el desánimo. La fe es una fuerza creada por la confianza en uno mismo, la credulidad, el optimismo y el entusiasmo. Estos dos estados están constantemente en guerra entre sí, excepto en el caso del individuo que ha tomado el control total de su propia mente y ha expulsado de ella las influencias malignas.

La emoción del temor y la emoción de la fe son tan poco amistosas que no es posible que ambas ocupen la mente de una persona al mismo tiempo. El uno o el otro debe dominar, siempre. Con demasiada frecuencia es la emoción negativa del temor la que sale vencedora.

Existen seis temores básicos que debilitan tu certeza de propósito y conducen a la procrastinación, la indecisión y una postura general de duda:

- Temor a la pobreza
- Temor a las críticas
- Temor a la mala salud
- Temor a la pérdida del amor
- Temor a la vejez
- Temor a la muerte

Cada uno de estos temores es como una mala hierba: cuando echa raíces en el jardín de tu mente, empieza a desplazar los brotes de esperanza y fe. Como ocurre con un jardín físico, no tienes que regar las malas hierbas para que crezcan; brotarán y florecerán como resultado de la falta de atención. Sin tu dirección, la naturaleza

*La naturaleza planta todas las cosas que **no quieres**, pero tú puedes plantar las semillas de las cosas que deseas.*

planta todas las cosas que no quieres, pero tú puedes plantar las semillas de las cosas que deseas, y la naturaleza será igual de abundante al producir las cosas que *sí quieres*.

La autosugestión es la técnica por medio de la cual puedes alimentar voluntariamente tu mente subconsciente con pensamientos de naturaleza creativa o, por descuido, permitir que pensamientos de naturaleza destructiva se abran paso en este abundante jardín. La Definitividad de Propósito mantendrá tu mente despejada de las cosas que no quieres y la mantendrá tan ocupada trabajando en las cosas que sí quieres que no tendrá tiempo de cultivar malas hierbas: cosas no deseadas. Si no cuidas tu jardín mental, las malas hierbas del temor y la duda se apoderarán de tu mente hasta que te quedes con una mentalidad de conciencia de fracaso.

Afortunadamente, tienes control total sobre los pensamientos que ocupan tu mente. Tienes todas las herramientas que necesitas para crear las condiciones mentales necesarias para la conciencia de éxito; la principal de ellas es la fe.

Elimina las semillas del temor a través del poder de la *decisión*. Despoja de poder a tus temores quitándoles su fuerza emocional y creando nuevos hábitos mentales centrados en la fe. La autodisciplina es fundamental en este caso: negarte a dar a tus temores el peso emocional que exigen y emprender acciones positivas a pesar de ellos *no requiere más que la decisión diaria de regirte por la fe* en lugar del temor. Debes controlar intencionalmente los pensamientos que entran y salen de tu mente y comprometerte a trabajar cada día al servicio de tu propósito principal.

El desánimo y la duda son las herramientas más eficaces de la caja de herramientas del "diablo". Cuando permites que la indecisión te deje "siempre en la indecisión", dejando que otros piensen por ti, permites que otros dicten cómo entiendes y actúas (o más bien no actúas) en tu propósito. La procrastinación es otra forma mortal de esta misma debilidad, y solo puede superarse con fe, persistencia y autodisciplina estricta. La inacción y el pensamiento pasivo engendran duda y temor; el pensamiento enfocado y positivo y la acción constructiva engendran fe y éxito.

LA FÓRMULA DE AUTOCONFIANZA

La fe refuerza nuestra determinación en nuestro propósito principal, y también es el resultado natural de un propósito que se caracteriza por su definitividad. En otras palabras, podemos aplicar la fe a nuestro propósito para solidificarlo, y podemos desarrollar más creencia en torno a nuestro propósito al agudizar nuestra visión del este.

El mayor de todos los beneficios de la Definitividad de Propósito es que abre el camino para ejercer plenamente ese estado mental conocido como FE. A través de la aplicación de la fe, tu mente se convence de lograr el éxito y se niega a aceptar la posibilidad de fracasar. Hace que la mente sea positiva y la libera de las limitaciones del temor, la duda, el desánimo, la indecisión y la procrastinación. La duda suele dar lugar a pretextos, excusas y disculpas por el fracaso. Recuerda:

A través de la aplicación de la fe, tu mente se convence de obtener el éxito y se niega a aceptar la posibilidad de fracasar.

"EL ÉXITO NO REQUIERE EXPLICACIONES EL FRACASO NO PERMITE PRETEXTOS".

Para cultivar la Definitividad de Propósito, aplica diariamente la siguiente fórmula:

1. Cree en tu capacidad para lograr el objeto de tu Propósito Principal Definitivo, y exígete acción persistente y continua hacia su obtención.

2. Concentra tus pensamientos durante treinta minutos diarios en la persona en la que te propones convertirte.

3. Aplica el principio de *la autosugestión* al dedicar diez minutos cada día a la tarea de enfocar tus pensamientos en tu deseo de desarrollar confianza en ti mismo.

4. Escribe una descripción clara de tu Propósito Principal Definitivo en la vida, y nunca dejes de tratar de obtenerlo.

5. Comprométete a no emprender nunca ninguna acción que no esté basada en la verdad y la justicia. Rechaza todo pensamiento de odio, envidia, celos, egoísmo y cinismo, y cultiva el amor por toda la humanidad, reconociendo que una actitud negativa hacia otros nunca te traerá el éxito. Esto no solo te inspirará confianza en ti

mismo, sino que hará que otros crean en tu propósito y quieran contribuir a su obtención.

Al seguir estos pasos, el poder puesto a disposición por la mente subconsciente es estimulado y amplificado por el poder de la FE. Se crea una fuerza que no acepta la posibilidad del fracaso. Esto constituye genio, ¡y genio que puede desarrollar cualquier persona!

EL PODER DE LA FE APLICADA

Es importante hacer una pausa aquí y distinguir entre la fe en abstracto y la Fe Aplicada. La primera es una emoción agradable que puede apoyar el desarrollo de una actitud mental positiva, un ingrediente necesario para la conciencia del éxito y para conseguir la cooperación de otros para llevar a cabo nuestros planes. Sin embargo, solo la Fe Aplicada —la fe que se concentra en la obtención de tu Propósito Principal Definitivo— traducirá tus pensamientos acerca de la realización de tu propósito en la obtención real de este propósito. Es decir, no puedes plantear simplemente una fe "general", una vaga creencia en ti mismo y en las cosas positivas que vendrán a tu vida; tienes que cultivar una creencia específica en tu capacidad para vivir y practicar tu propósito.

¿Cómo lo haces? A través de la *aplicación* diaria. Los individuos que han adoptado un Propósito Principal Definitivo y se dedican activamente a llevar a cabo el objeto de su propósito demuestran así su fe en su capacidad para obtener su objetivo.

Tienes que cultivar una creencia específica en tu habilidad para vivir y practicar tu propósito.

Los pensamientos, respaldados por la fe y caracterizados por la definitividad, tienen precedencia sobre todos los demás en cuanto a la rapidez con que se transmiten a la mente subconsciente y se actúa en consecuencia. La fe desempeña el papel de un acelerador, el cual puede acelerar la reacción entre la mente consciente y la subconsciente. Es un hecho conocido que los individuos que son capaces de liberar su mente de todas las limitaciones autoimpuestas (que es todo lo que la Fe Aplicada es en realidad) suelen encontrar la solución a todos sus problemas, independientemente de su naturaleza. Tales individuos no saben lo que es "imposible", así que siguen adelante y lo hacen.

Así que adelante, elimina cualesquiera dudas, temores o distracciones que estén envenenando tu concepción de tu propósito y obstaculizando tu capacidad para vivirlo. Crea hábitos mentales que conduzcan no solo a inspirar una fe general, sino a producir Fe Aplicada, que refuerza tu firme resolución en tu Propósito Principal Definitivo. Sabrás, por tu propio estado de ánimo, cuándo el hábito se ha fijado correctamente, porque entonces experimentarás un sentimiento continuo de entusiasmo en relación con tus planes, y te guiarás por un sentimiento definitivo de fe en tu capacidad para lograr alcanzar tus objetivos.

Este entusiasmo te inspirará a la acción durante cada momento consciente, y te inspirará, a través de la sección subconsciente de tu mente, mientras duermes. No tienes por qué sorprenderte cuando tu mente subconsciente te despierte del sueño con una idea o un plan que será útil para llevar a cabo el objeto de tus objetivos y propósitos, pues esta ha sido la experiencia de muchas personas que ejercen conjuntamente la Fe Aplicada y la Definitividad de Propósito. Obtendrás un estado emocional elevado que asociamos con el "poder espiritual".

Tal como explica Andrew Carnegie: "Cuando la mente de una persona se ve estimulada por este sentimiento exaltado, la facultad de su imaginación se vuelve más alerta, sus palabras adquieren un tono más magnético que las hace más impresionantes, el temor y las limitaciones autoimpuestas desaparecen y se atreve a emprender tareas que no se le ocurriría comenzar cuando su mente se ve estimulada únicamente por el proceso puramente mental de pensar".

Poco a poco, los lentes oscuros de la desesperación que posiblemente llevabas puestos cambiarán de color, y empezarás a ver el mundo que te rodea a través de unos lentes cristalinos de esperanza y fe, pues habrás cambiado todo el ritmo de vibración de tu ser.

CAPÍTULO 4

CULTIVA EL ARTE DE PENSAR ACERTADAMENTE

El poder del pensamiento es lo único sobre lo cual todo ser humano tiene control total e incuestionable.

Esta afirmación es tan crítica para tu éxito presente y futuro que merece la pena repetirla: el poder del pensamiento es lo único sobre lo cual todo ser humano tiene un control completo e incuestionable.

No importa cuánto quieras lograr tu principal propósito en la vida, ni cuánto planees su obtención, nunca te acercarás al éxito si no dominas tus pensamientos. Toda persona que logre cualquier forma de éxito duradero por encima de la mediocridad debe aprender el arte de pensar acertadamente. Y pensar acertadamente es, de hecho, un arte que no practica la inmensa mayoría de la población.

La mayoría de las personas no piensan, ¡más allá de solo pensar que piensan!

La mente está eternamente trabajando, edificando o destruyendo, trayendo miseria, infelicidad y pobreza, o alegría, placer y riqueza.

El poder del pensamiento es lo único sobre lo cual todo ser humano tiene control total e incuestionable.

Es la mayor de todas las riquezas de que dispone la humanidad, pero es la que menos se usa y de la que más se abusa. Su abuso consiste principalmente en no usarla.

Es imposible obtener el objeto de tu propósito principal sin pensar acertadamente, el cual te impide desviarte por cualquier pequeño desafío o diferencia de opinión. Pensar acertadamente te permite respaldar tu propósito con todo el total poder de la lógica, para que no te dejes influir por la emoción y cambies de camino o retrases tu progreso.

LOS FUNDAMENTOS DE PENSAR ACERTADAMENTE

Cualquier persona puede aprender el arte de pensar acertadamente; de hecho, es necesario entrenarse para llegar a dominarlo. Nuestro estado normal no es pensar acertadamente, ya que somos propensos a dejarnos dominar por nuestras emociones. Tenemos que someter estas emociones al control de nuestra mente lógica si queremos lograr el éxito que deseamos.

Pensar acertadamente se basa en dos fundamentos principales:

- *El razonamiento inductivo*, basado en la suposición de hechos desconocidos o hipótesis

- *El razonamiento deductivo*, basado en hechos conocidos, o en lo que se cree que son hechos

Con el razonamiento inductivo, estudias varios ejemplos relacionados o acumulas un conjunto de observaciones y extraes de ellas una regla o hipótesis general. El razonamiento deductivo funciona en sentido contrario: empiezas con un principio o hipótesis que se cree cierto y lo aplicas a casos específicos. Ambos modos de razonamiento te apoyarán mientras identificas tu propósito y persigues su realización.

Aunque las emociones pueden proveer impulso a la consecución de tu objetivo y elevar la vibración de tu pensamiento a un nivel que active la mente subconsciente para que funcione a tu favor, solo son constructivas si (1) son de naturaleza positiva y (2) se mantienen bajo el control de la mente lógica.

La mayor parte de lo que llamamos pensamiento no es más que una expresión de sentimiento, a través de las emociones. Y las emociones no son fiables. Los pensadores acertados siempre someten sus deseos y decisiones emocionales a su cabeza para que los examine detenidamente antes de confiar en que son acertados, porque saben que la cabeza es más fiable que el corazón.

Las siguientes emociones hacen imposible pensar de manera acertada:

- Temor
- Amor
- Ira
- Celos
- Venganza
- Vanidad

• Avaricia

Si te ves impulsado por alguna de las emociones anteriores, puedes usar una sencilla prueba para asegurarte de que te estás manteniendo anclado en la lógica y la racionalidad.

UNA PRUEBA SENCILLA PARA PENSAR ACERTADAMENTE

La primera pregunta que debes hacerte para asegurarte de que estás pensando acertadamente es la siguiente: ¿es cierto? ¿Es cierto? La lógica inductiva y deductiva son las claves que te ayudarán a responder a esta pregunta, ya que te permitirán filtrar las ideas incorrectas y sin fundamento que pueden impedir tu progreso. Ten cuidado también con las opiniones de otros, que bien podrían entenderse como emociones que se disfrazan de verdad. Todos, excepto el pensador acertado, tienen un exceso de opiniones. La inmensa mayoría de las veces, las opiniones carecen de valor, y muchas de ellas son peligrosas y destructivas en relación con tu búsqueda del éxito, porque la mayoría se basan en prejuicios, intolerancia, ignorancia, conjeturas y pruebas de oídas.

Ninguna opinión es sólida si no se basa en hechos conocidos, y nadie debe expresar una opinión sobre cualquier tema sin una seguridad razonable de que se fundamenta en hechos o en hipótesis razonables de hechos. Los consejos gratuitos ofrecidos voluntariamente por amigos y conocidos no suelen ser dignos de consideración.

Las opiniones carecen de valor y muchas de ellas son peligrosas y destructivas en conexión con tu búsqueda del éxito.

El pensador acertado, por lo tanto, nunca actúa sobre la base de tales consejos sin someterlos al escrutinio más minucioso.

"Opiniones" hay muchas. Todos tenemos una reserva de ellas, pero la mayoría no solo carecen de valor, sino que además son peligrosas, porque no se han adquirido por medio del principio de pensar acertadamente. Y lo mismo es cierto de muchas "opiniones" que aceptamos. Al principio puede que no aceptemos la opinión como acertada, pero la estrecha asociación con ella nos influye gradualmente para aceptarla, y luego para adoptarla como propia, olvidando a menudo la fuente de la que procede. ¿Cuántos supuestos hechos hemos interiorizado porque nos rodeamos de ellos durante tanto tiempo que eventualmente equiparamos la repetición con la verdad?

La pregunta favorita de los pensadores acertados es "¿Cómo lo sabes?". Exigen conocer la fuente de todo lo que se les presenta como hechos. Demandan evidencias de la solidez de esos supuestos hechos. Los pensadores acertados también toman en consideración el motivo de quienes comparten información con ellos. Indagan en la fuente al explorar si existe un interés lucrativo o alguna otra forma de interés propio.

Es más, evalúan la credibilidad de la fuente: ¿La persona que comparte la información es calmada y serena o es demasiado entusiasta? Un fanático se rige por emociones descontroladas y, por lo tanto, no se puede confiar en él como fuente fiable. ¿Es la fuente una autoridad reconocida? ¿Pueden apoyarse sus afirmaciones en fuentes verificables?

Los pensadores acertados aprenden a usar su propio juicio y a ser cautelosos, independientemente de quién intente influir en ellos. Si una afirmación no armoniza con su propio poder de razonamiento, o si no está en armonía con su experiencia, la mantienen en espera para examinarla más a fondo. La someten a pruebas de razonamiento inductivo y deductivo, y la analizan con su grupo maestro para asegurarse de que se filtra cualquier inexactitud o parcialidad.

Otra debilidad común en los hábitos de pensamiento de la mayoría de las personas consiste en su tendencia a la falta de creer en todo lo que no comprenden. La incredulidad puede contagiarse tan fácilmente como la creencia en teorías incorrectas e ideas destructivas.

Los pensadores acertados no permiten que nadie piense por ellos. A menudo obtienen hechos, información y consejos de otros, pero se reservan el privilegio de aceptar o rechazar cualquiera de estos factores. Nunca cuentan con los medios de comunicación ni con los chismosos y escandalosos como fuentes fiables. No piden consejo a otros acerca de su propósito o plan definido, ni siquiera a sus familiares o allegados. Solo buscan el consejo de su grupo de mente maestra. Por último, los pensadores acertados reconocen que los deseos suelen estar desligados de los hechos; los hechos no armonizan necesariamente con los deseos. Por ello, pueden separar el deseo de la verdad, la emoción de la lógica.

Pero la información basada en hechos por sí sola no te llevará a tu Propósito Principal Definitivo. Pensar acertadamente tiene un segundo ingrediente: no solo la verdad, sino también relevancia. Por lo tanto, la segunda pregunta que debes responder para proteger tu Definitividad de Propósito es la siguiente: ¿Es importante?

¡Los pensadores acertados no permiten que nadie piense por ellos!

*¿Qué es un hecho importante?
Es cualquier hecho que
se puede usar para tu
ventaja en el logro de tu
propósito principal.*

¿Y qué es un hecho importante? Es cualquier hecho que se puede usar para tu ventaja en el logro tu propósito principal. Todos los demás hechos son relativamente poco importantes. Para mantenerte enfocado en tu propósito principal, tienes que aprender a sintonizar con los hechos más útiles para tu objetivo principal definitivo. De lo contrario, serás propenso a desviarte por tangentes de pensamiento que impiden tu éxito.

Si hay una porción de esta filosofía del éxito que estoy presentando que es más profunda que cualquier otra, es la porción que estoy presentando ahora, porque estamos tratando con la fuente del poder real que está detrás de todos los logros humanos; el poder que es responsable (por su mal uso debido a nuestra ignorancia) de gran parte de la miseria de la humanidad; el poder que trae el éxito o el fracaso, según la forma en que se aplique.

CAPÍTULO 5

EXPRESA PENSAMIENTO ORGANIZADO A TRAVÉS DE LA ACCIÓN

El pensamiento ordinario no es suficiente para asegurar el éxito. Si fuera suficiente, todas las esperanzas y deseos se harían realidad. Para hacer realidad tu propósito, tienes que usar el Pensamiento Organizado.

El pensamiento es el dominador de todas las demás formas de energía, porque es una forma de energía que está mezclada con la inteligencia. El pensamiento contiene la solución a todos los problemas humanos. Es el dominador de la pobreza, la miseria, la preocupación y el temor.

Cuando se usa correctamente, sus poderes terapéuticos no tienen límite. El pensamiento es la fuente de todas las riquezas, ya sean materiales, físicas o espirituales, porque es el medio por el cual todas las riquezas de la vida pueden ser apropiadas por todos quienes las desean.

Sin embargo, el pensamiento es de poco beneficio en relación con la acumulación de riquezas hasta que se organiza y dirige hacia fines definidos a través de la Definitividad de Propósito. Como la electricidad, el pensamiento es un poder que puede, y a menudo lo hace, destruir tan fácilmente como construye, si no se controla y aplica a fines adecuados.

Por esta razón, Andrew Carnegie se refiere al pensamiento como dinamita mental. Puede organizarse y usarse de forma constructiva para la obtención de fines definidos, pero si no se controla y dirige de forma constructiva, puede convertirse en un "explosivo mental" que haga estallar literalmente tus esperanzas de logro y te conduzca al fracaso inevitable.

Un Propósito Principal Definitivo es la clave para organizar tu poder de pensamiento y expresarlo mediante la acción.

EL PENSAMIENTO = DINAMITA MENTAL

LOS PENSAMIENTOS DESORGANIZADOS PRODUCEN RESULTADOS DESORDENADOS

La mayoría de las personas hoy en día "gestionan por crisis". Es decir, cuando las cosas se han ido desviando hasta un punto en el que simplemente hay que hacer algo, hacen algún arreglo temporal para salvar la brecha y luego se arrastran de nuevo a la cómoda rutina de la procrastinación.

La mayoría de las personas hoy en día "gestionan por crisis".

Yo podría llevarte al despacho de un hombre que es bastante conocido en la comunidad y enseñarte su escritorio. En una esquina, hay una acumulación de revistas publicadas para profesionales de su oficio, que datan de hace meses. Contienen artículos que leerá "algún día". En otra esquina, hay una pila de unos treinta centímetros de altura de cartas, carpetas de archivos, recortes de periódico desgarrados y otros trozos de papel marcados con anotaciones, que son la base de una propuesta de campaña publicitaria que lleva "en el aire" por espacio de casi dos años y no está más cerca de su adopción y realización efectivas que entonces.

Se supone que este hombre es ejecutivo de una empresa municipal de servicios públicos, y gana una suma muy modesta enteramente porque su escritorio es indicativo de su mente en general. Nunca ha sido capaz de tomar una decisión. Es reactivo a las situaciones que requieren su atención, en lugar de ser proactivo. Es decir, cuando las cosas se han desviado hasta un punto en el que simplemente hay que hacer algo, hace algún arreglo temporal para cubrir la brecha y luego se arrastra de nuevo a la cómoda rutina de la procrastinación. Después de estudiar la mente de este hombre por mucho tiempo, sé que es mentalmente capaz de ganar varias veces su salario actual, pero no está dispuesto a disciplinar su mente para tomar decisiones cuando dispone de los hechos. He insistido mucho en esto porque son las pequeñas cosas las que marcan la gran diferencia entre los noventa y ocho que andan sin rumbo por la vida sin propósito y los dos que se convierten en líderes y hacedores y marcan el ritmo del progreso en nuestro mundo.

Como dice Carnegie: "El pensamiento organizado es algo así como el agua en una presa. Solo la parte del agua que se aprovecha y dirige a través de la maquinaria, que está diseñada para convertirla en energía, puede ser útil. Sin este aprovechamiento y dirección, el agua solo fluye de vuelta al mar. Todo hombre tiene una reserva de poder de pensamiento, pero la mayoría permite que este poder se disipe en sueños ociosos, sin tomarse nunca la molestia de organizarlo y dirigirlo hacia fines definidos. Como el agua de una presa, fluye sin producir ninguna acción útil".

Los individuos con más éxito en la sociedad se ganaron su estatus organizando sus pensamientos según la naturaleza de su Propósito Principal Definitivo y expresando sus pensamientos a través de la acción. Ya fuera consciente o inconscientemente, estos individuos dieron órdenes a sus mentes para que produjeran fines definitivos (el principio de Definitividad de Propósito), y sus mentes respondieron. El genio no tuvo nada que ver con sus logros o, si lo tuvo, entonces toda persona normal es un genio, pues cualquier persona puede producir tales "milagros" por medio del simple proceso de tomar posesión de su propia mente y dirigirla hacia fines definitivos.

RESPALDA LA INICIATIVA PERSONAL CON ACCIÓN INTENSA

El Pensamiento Organizado es pensamiento en movimiento. Requiere que se activen tres elementos y que trabajen juntos: Definitividad de Propósito combinada con iniciativa personal y

Cualquier persona puede producir "milagros" por medio del sencillo proceso de tomar posesión de su propia mente y dirigirla hacia fines definitivos.

respaldada por una acción intensa. Nunca lograrás tus principales objetivos en la vida a menos que adquieras el hábito de hacer lo que hay que hacer sin que nadie te diga que lo hagas. Otra manera de definir la iniciativa personal podría ser la habilidad para ver las cosas como son y hacerlas como se deben hacer.

"Aquí es donde muchos hombres se engañan a sí mismos creyendo que son pensadores organizados", nos dice Carnegie. "He oído a no pocos hombres decir: 'He estado pensando en hacer esto o aquello, pero hasta ahora no he encontrado la manera de hacerlo'. La principal debilidad de tales hombres consiste en que han dejado fuera de su pensamiento un factor importante: la acción física expresada a través de la Definitividad de Propósito".

La importancia de la acción no se puede exagerar. ¡Acción! ¡Acción! ¡Acción y aún más acción! Permite que la palabra acción arda en tu conciencia, y empezarás a buscar formas y medios de organizar tus pensamientos a través de planes que permiten la expresión de la acción.

Tiene que haber acción para empezar; acción para impulsar al individuo a seguir adelante después de haber empezado, aunque el camino sea difícil; y acción dirigida a empezar de nuevo si uno se ve vencido por una derrota temporal.

Para forjar un hábito de Pensamiento Organizado expresado a través de la acción, empieza a tomar decisiones una por una. Saber lo que quieres te ayudará a tomar decisiones, por supuesto, porque siempre puedes juzgar si la decisión contribuirá o no a la imagen total que tienes de tu plan de vida.

El pensamiento organizado es una fuerza irresistible capaz de convertir las piedras de tropiezo de la derrota en peldaños hacia el avance.

¿Cómo podría estar permanentemente derrotado quien ha adquirido la capacidad de transmutar cada emoción, cada sentimiento, cada temor y cada preocupación en una fuerza impulsora positiva para la obtención de fines definidos? Y esto es precisamente lo que el Pensamiento Organizado capacita para hacer. ¡Organiza todas las facultades de la mente y las acondiciona para la expresión de fe!

Carnegie nos dice que el pensamiento organizado es la fuente de todo crecimiento espiritual y mental, siempre que se exprese a través de la acción. "No se crece espiritual o mentalmente solo con el pensamiento", subraya. "El crecimiento es el resultado del pensamiento expresado a través de hábitos de acción voluntarios y definitivamente controlados".

A menos que te vuelvas "consciente de la acción", nunca llegarás a ser un pensador organizado. Puede que pienses de la mañana a la noche, pero tienes que poner tus pensamientos en acción o solo serás una persona que sueña despierta. Puedes teorizar, pero nunca construirás un puente, ni dirigirás con éxito una industria, ni harás nada de lo que te propongas, a menos que adquieras el hábito de poner tus teorías a prueba a través de la acción.

¡Sí, hay poder en el pensamiento, siempre que esté organizado y dirigido a fines definidos, en términos de acción inteligente!

El pensamiento organizado es una fuerza irresistible capaz de convertir las piedras de tropiezo de la derrota en peldaños hacia el avance.

Hazte el hábito de hacer más y mejor trabajo del que te pagan para hacer.

VE LA MILLA EXTRA

No solo debes adquirir el hábito de expresar un pensamiento organizado a través de la acción, sino que también debes practicar el principio de ir la milla extra. Esto consiste en prestar más y mejor servicio del que se te requiere, sin que te lo pidan.

La mayoría de las personas hacen exactamente lo que se les pide o por lo que se les paga, y nada más. Este proceder es el que guía a las personas por el camino de la mediocridad. El camino hacia el éxito, por el contrario, lo recorren las personas que buscan formas de prestar un servicio útil a otros mientras logran sus objetivos. Ir la milla extra contribuye a lograr tus objetivos principales al:

- Inspirar un estado mental de positividad y entusiasmo que no pueda ser suprimido por desafíos o adversidades.

- Reforzar un hábito de acción continua para que evites las trampas de la procrastinación y la ociosidad.

- Motivar a otros a apoyar tus objetivos al observar tu dedicación y beneficiarse de tu servicio.

Nada se interpondrá en el camino de las personas que se comprometen de todo corazón a encontrar formas de añadir valor en todos sus esfuerzos, pues forjarán un fundamento de autoconfianza y entusiasmo que las mantendrá activas en la consecución de su Propósito Principal Definitivo.

Hazte el hábito de hacer más y mejor trabajo del que te pagan para hacer, todos los días de tu vida, y pronto empezarás a ver cómo se acelera tu progreso y se magnifican tus resultados.

La aplicación combinada de estos principios de éxito, cuando se apoyan en el principio de pensar acertadamente, constituye pensamiento organizado del más alto nivel conocido por la humanidad. Pero recuerda que no puede haber aplicación combinada de estos principios sin acción intensa, continua y persistente en la realización de tus objetivos y propósitos. Estos principios solo adquieren la cualidad de poder por medio de su uso. Además, su aplicación no debe ser meramente intermitente, sino un hábito controlado e implementado con regularidad.

Adopta como consigna el *Pensamiento Organizado expresado a través de la acción*, es decir, la acción dirigida hacia fines definidos a través de la Atención Controlada, el principio al que nos referiremos a continuación.

CAPÍTULO 6

AGUDIZA TU ENFOQUE POR MEDIO DE LA ATENCIÓN CONTROLADA

El breve lapso de años conocido como "promedio de vida" es demasiado corto para permitir que una persona logre un éxito digno de mención en cualquier vocación sin concentrar sus esfuerzos en un Propósito Principal Definitivo.

La historia de la vida de personas exitosas revela claramente que las más exitosas son aquellas que han "puesto todos los huevos en una sola canasta" y han concentrado sus mayores esfuerzos en la protección de esa canasta. Se les conoce como individuos con "mentes de una sola vía", porque sabían a dónde iban y solo necesitaban una vía que les permitiera llegar hasta allí. Andrew Carnegie comprendía la importancia de enfocar los esfuerzos mentales y físicos en un propósito principal, y por eso se le conoce por haber dicho: "Pon todos tus huevos en una sola canasta y luego cuida esa canasta".

Una función importante del principio de autodisciplina —quizá la más importante— es la de ayudar a individuos a desarrollar y mantener hábitos de pensamiento que les permiten fijar toda su

"Coloca todos tus huevos en una sola canasta y luego cuida esa canasta".

—Andrew Carnegie

atención en un propósito deseado y mantenerla allí hasta que dicho propósito se haya obtenido.

El éxito en todos los niveles superiores de logro individual se obtiene por medio de la aplicación del poder del pensamiento, debidamente organizado y dirigido hacia fines definitivos. Y el poder, ya sea el poder del pensamiento o el poder físico, se obtiene por medio de la concentración de la energía.

La científica concentra su mente en la búsqueda de los hechos ocultos y los secretos de la naturaleza, y ¡mira! Los poderes combinados del universo parecen cooperar para revelárselos.

En los negocios y en la industria, el principio de concentración es la clave del éxito.

William Wrigley, Jr., se concentró en la fabricación de un paquete de chicles de cinco centavos y vivió para ver a toda una nación de personas adoptar el hábito de mascar chicle, por no mencionar la fortuna que acumuló por sus esfuerzos.

F. W. Woolworth se concentró en la operación de tiendas de productos de "cinco y un diez centavos" y acumuló una gran fortuna con la venta de chucherías y artículos en el campo de las mercancías de bajo precio.

John D. Rockefeller se concentró en la refinación y venta de petróleo e hizo que le reportara una fortuna suficiente para cubrir las necesidades de diez mil hombres.

Henry Ford se concentró en la fabricación y distribución de un automóvil fiable y de bajo precio y se convirtió en la cabeza de uno de los mayores imperios industriales de Norteamérica.

Madame Curie se concentró en el descubrimiento de la fuente del radio y mantuvo su mente en ese propósito hasta que la naturaleza se vio obligada a renunciar al secreto del radio.

Los firmantes de la Declaración de Independencia se concentraron en el deseo de liberación y libertad personal para las personas de los Estados Unidos, y se concentraron tan eficazmente para que la libertad pudiera llegar a ser propiedad común de todas las personas del mundo.

Andrew Carnegie se concentró en la fabricación y venta de acero y se mantuvo firme en su propósito hasta que inauguró la gran era del acero, que estaba destinada a cambiar, para mejor, los hábitos y el nivel de vida de la gente de toda una nación. Sus esfuerzos le produjeron más dinero que el que pudo regalar durante su vida.

La concentración en el propósito principal de uno proyecta una imagen clara de ese propósito en la sección subconsciente de la mente y la mantiene allí hasta que el subconsciente se hace cargo de ella y actúa en consecuencia.

DISCIPLINA MENTAL

La Atención Controlada es el acto de coordinar todas las facultades de la mente y dirigir su poder combinado hacia un fin determinado. Es un acto que solo puede obtenerse mediante la más estricta autodisciplina.

La concentración en el propósito principal de uno proyecta una imagen clara de ese propósito en la sección subconsciente de la mente y la mantiene allí hasta que el subconsciente se hace cargo de él y actúa en consecuencia.

¡La Atención Controlada es poder mental organizado!

De hecho, uno no puede controlar la atención y dirigirla hacia un fin determinado sin la influencia de apoyo de hábitos de pensamiento bien desarrollados, y estos solo se obtienen por medio de la autodisciplina.

La filosofía del logro personal no te dice lo que debes desear. Por el contrario, *cada individuo tiene el derecho y el privilegio de dirigir sus pensamientos y deseos hacia los fines que elija.*

La Atención Controlada te pone en el camino de la obtención de la Llave Maestra del poder de la mente. Es un método científico para contactar y aprovechar la mayor reserva de Inteligencia Infinita para satisfacer todas las necesidades humanas.

La Atención Controlada es poder mental organizado.

La Atención Controlada conduce al dominio en cualquier tipo de esfuerzo humano, porque permite enfocar los poderes de la mente en la obtención de un objetivo definido y mantenerlos así dirigidos a voluntad. La Atención Controlada es autodominio del más alto nivel, pues es un hecho aceptado que los individuos que controlan su propia mente pueden controlar todo lo demás que se interponga en su camino.

EXPRESANDO LA ATENCIÓN CONTROLADA POR MEDIO DE LA ORACIÓN

El camino hacia la Atención Controlada es a través de la oración, y la oración no en el sentido de una petición pasiva de ayuda, sino de una proclamación confiada de tu propósito. El Dr. Alexis Carrel, quien dedicó treinta y tres años a la investigación científica en el Instituto Rockefeller y es autor de El hombre, lo desconocido, describió la oración de la siguiente manera:

"La oración es una fuerza tan real como la gravedad terrestre. Como médico, he visto a hombres, después de que todas las demás terapias hubieran fracasado, salir de la enfermedad y la melancolía por el efecto sereno de la oración. Es el único poder en el mundo que parece superar las llamadas 'leyes de la naturaleza'; las ocasiones en las que la oración lo ha hecho de forma espectacular han sido denominadas 'milagros'. Pero un milagro constante y más silencioso ocurre cada hora en los corazones de hombres y mujeres que han descubierto que la oración les proporciona un fluir constante de poder sustentador en su vida cotidiana.

"Demasiadas personas —continúa el Dr. Carrel— consideran la oración como una rutina formalizada de palabras, un refugio para débiles o una petición infantil de cosas materiales. Lamentablemente subvaloramos la oración cuando la concebimos en estos términos, del mismo modo que subvaloramos la lluvia describiéndola como algo que llena la pileta de los pájaros de nuestros jardines. Bien entendida, la oración es una actividad madura indispensable para el desarrollo más completo de la personalidad, la integración máxima de las facultades más elevadas del hombre. Solo en la oración logramos ese ensamblaje completo y armonioso de cuerpo, mente y espíritu que da a la frágil caña humana su fuerza inconmovible".

Sí, los "milagros" ocurren en los corazones de los hombres cuando aprenden a controlar su atención y a proyectar sus pensamientos y

*Solo en la oración logramos
ese ensamblaje completo
y armonioso de cuerpo,
mente y espíritu que da
a la frágil caña humana
su fuerza inconmovible.*

*Las potencialidades
del poder de
la atención fija
a través de
la concentración
son muchas.*

deseos a través de sus mentes subconscientes, porque entonces pueden recurrir libremente al gran depósito de la Inteligencia Infinita, fuente de todos los milagros.

La oración puede expresarse por medio de la concentración en un objetivo definitivo, por medio los hábitos más estrictos de autodisciplina, a través de estos factores:

- *Definitividad de Propósito,* el punto de partida de todo logro.

- *La imaginación,* a través de la cual el objeto de tu propósito se ilumina y se refleja en la mente con tanta claridad que su naturaleza no se puede confundir.

- La emoción del *deseo* encendida hasta que alcance la proporción de un deseo ardiente al que no se le negará la realización.

- *La fe* en la obtención del propósito, obtenida por medio de una creencia en su realización tan fuerte que puedas verte ya en posesión de él.

- Toda la *fuerza de la voluntad* aplicada continuamente en apoyo de la fe.

- *La mente subconsciente* capta la imagen así transmitida y la lleva a su conclusión lógica por cualquier medio práctico disponible, según la naturaleza del propósito.

Estos son algunos de los factores que entran en el principio de la concentración. Y abarcan el procedimiento seguido en todas las oraciones que producen resultados positivos. Si falta alguno de estos factores en la oración, los resultados son propensos a ser negativos y, por lo tanto, decepcionantes.

¡La concentración eficaz requiere que la atención esté totalmente controlada y dirigida a un objetivo definido! Y esta es precisamente la condición que debe prevalecer en toda oración eficaz.

Ahora empezamos a reconocer que el principio de la concentración eficaz es algo más que un medio para obtener cosas materiales: es un factor importante por el cual podemos obtener la Llave Maestra que abre la puerta a todas las riquezas.

La atención controlada se obtiene por medio de los seis factores que acabo de mencionar. La atención que no está controlada y dirigida puede no ser más que curiosidad ociosa. La palabra "controlada" es la clave para explicar la diferencia entre ambas.

Las potencialidades del poder de la atención fija a través de la concentración son muchas, pero ninguna de ellas es mayor ni más importante que la de la concentración en un Propósito Principal Definitivo como objeto de la meta de la vida de uno.

Escondido en dos palabras —Atención Controlada— hay un extraño poder que es suficiente para permitirte eliminar todas las limitaciones autoimpuestas que la mayoría de las personas aceptan o establecen en sus propias mentes —limitaciones por las cuales algunas están atadas a lo largo de sus vida— y reclutar al universo para que apoye tu búsqueda de un Propósito Mayor.

APROVECHA LA LEY DE ATRACCIÓN ARMONIOSA

Al final de nuestra exploración del camino hacia propósito nos encontramos con una ley de la naturaleza que, si la podemos aprovechar, nos da impulso en nuestra travesía y elimina los obstáculos que se interponen en nuestro camino. Esta ley de la naturaleza es tan fundamental y poderosa como la gravedad; gobierna la forma en que se desarrolla nuestra vida: los pensamientos que tenemos, los hábitos que adoptamos, las personas con las que intimamos y el éxito del que disfrutamos en la vida. Es la ley de la naturaleza por la cual lo similar atrae a lo similar, conocida como la ley de atracción armoniosa.

La ley de la atracción armoniosa dicta que las fuerzas y las cosas que concuerdan con las necesidades de otro en el gran esquema de la vida tienen una tendencia natural a juntarse.

Vemos esta ley en funcionamiento en la naturaleza, cuando la vegetación atrae los elementos minerales y químicos del suelo y los combina con las unidades de energía del aire para producir todo lo que crece en el suelo, el medio por el que se sustenta toda la vida. Aquí no encontramos ningún antagonismo, ninguna "lucha" entre los elementos de la materia o las unidades de energía. Realizan su trabajo en respuesta a la gran ley de la atracción armoniosa, sin oposición entre ellos.

Con los humanos, la ley se manifiesta de la misma manera, para bien o para mal. Cuando los pensamientos de naturaleza negativa dominan en la mente, atraen a ella más pensamientos negativos de su propia clase, trayendo consigo a otros individuos cuyos pensamientos son destructivos, y así sucesivamente. La persona con patrones de pensamiento negativos invita así a más negatividad a su vida, de modo que mira a su alrededor y dice: "Todo conspira contra mí: no puedo tener un respiro, no tengo a nadie en quien confiar y no puedo obtener el éxito que visualicé para mí". Y así es; en este caso, la ley de la atracción armoniosa garantiza que la energía negativa que emite ese individuo se encontrará con energía del mismo tipo, tanto del interior del individuo como del exterior.

Por el otro lado, los individuos que dominan los principios de esta filosofía y han adquirido el hábito de aplicarlos en todas sus relaciones con los demás se benefician de la ley de la atracción armoniosa, porque han condicionado su mente para que solo atraiga hacia ellos a las personas y las cosas materiales que desean. Además, han eliminado de su propia mente todas las emociones conflictivas, como el temor, la envidia, la codicia, el odio, los celos y la duda, de manera que pueden preparar su mente para la aplicación del principio de la Atención Controlada.

¡Los grandes logros vienen de mentes que están en paz consigo mismas!

Los estudiantes de esta filosofía que la dominan y la aplican a diario saben que es costoso verse forzados a combatir las fuerzas hostiles de otras mentes. Saben que es fatal para sus posibilidades de éxito si descuidan la conquista de las fuerzas hostiles de sus propias mentes. Los grandes logros vienen de mentes que están en paz consigo mismas.

La paz mental personal no es cuestión de suerte, sino una posesión que no tiene precio y que solo puede obtenerse mediante la autodisciplina basada en la Atención Controlada.

CONDICIONANDO TU MENTE PARA ATRACCIÓN ARMONIOSA

Examinemos ahora el método por el cual puedes condicionar tu mente para obtener el máximo beneficio de la ley de la atracción armoniosa.

1. Definitividad de propósito

A través de la aplicación de este principio, decides lo que se desea, creas un plan para obtenerlo y, luego, procedes a concentrar la mayor porción de tus pensamientos y esfuerzos hacia la obtención de ese fin. Luego, usando la Atención Controlada, puedes plasmar tus deseos, objetivos, planes y propósitos en tu mente subconsciente, donde la ley de la atracción armoniosa se pone en contacto con ellos.

2. Fe aplicada

Al adoptar un Propósito Principal Definitivo y llevar a cabo activamente el objeto de tu propósito, demuestras fe en tu habilidad para obtener tu objetivo. Cuando das este paso, tu actitud mental se ha vuelto predominantemente positiva, muchas de las limitaciones autoimpuestas del temor, la duda y el desánimo han desaparecido, y no te queda espacio en la mente para pensamientos de fracaso. Estás tan ocupado llevando a cabo el objeto de tu propósito principal que no tienes tiempo para vacilar o procrastinar, y no tienes ningún deseo de hacerlo.

3. Iniciativa personal

Por medio de la aplicación de la iniciativa personal, organizas planes para la obtención de tu Propósito Principal Definitivo; luego compruebas la solidez de esos planes. Para entonces, ya tienes una base sólida para tu fe en el éxito definitivo de tus planes; por lo tanto, te mueves con una autosuficiencia que prácticamente desafía a la oposición. Ya no te frenan el temor, la duda o la indecisión.

4. Autodisciplina

A través de la aplicación de este principio, todas las emociones —tanto las positivas como las negativas— se aprovechan y se controlan por completo, proporcionándote así los medios para evitar que gastes tu energía innecesariamente en emociones negativas o acciones improductivas. En este punto, tu mente empieza a

Tanto las emociones positivas como las negativas se aprovechan y se controlan por completo, proporcionándote así los medios para evitar que gastes tu energía innecesariamente en emociones negativas o acciones improductivas.

funcionar como una máquina perfectamente construida, sin pérdida de movimiento ni disipación de energía, porque has adquirido la capacidad de traducir tus emociones en una poderosa fuerza motriz mediante la cual se puede obtener tu Propósito Principal Definitivo.

También es en este momento cuando has empezado a desarrollar la fuerza de voluntad, lo cual te permite poner todos los departamentos de tu mente bajo tu completo control y hacer que trabajen juntos para la obtención de tu Propósito Principal Definitivo.

O bien tienes que hacerte cargo de tu mente y alimentarla con el tipo de alimento que deseas reproducir, o tienes que pagar la pena de que tu mente sea dominada por las influencias negativas de tu propio ambiente. No hay concesiones entre estas dos circunstancias. O bien tomas posesión de tu propia mente y la diriges hacia la obtención de lo que deseas, o bien tu mente toma posesión de ti y te da lo que las circunstancias de la vida te reparten.

La elección, sin embargo, está dentro del control de cada ser humano, y el hecho mismo de que el poder del pensamiento sea lo único sobre lo que se ha concedido a cualquier ser humano el derecho de control total es altamente sugestivo de las enormes potencialidades disponibles por medio del ejercicio de esta profunda prerrogativa.

PROPÓSITO ES UN VERBO

Como hemos visto, el camino hacia propósito se recorre exitosamente a través de la aplicación de una combinación de principios. Ningún principio por sí solo te dará lo que necesitas para obtener lo que más deseas en la vida: solo a través de la aplicación conjunta de varios principios la mente aprovecha la ley de la atracción armoniosa y convierte tus pensamientos en un ritmo de logro. Al hacerlo, crea un poder que no se puede identificar como el resultado de un solo pensamiento; un poder que puede ser mayor que todos los pensamientos individuales combinados; un poder, por ejemplo, como el que se puede obtener a través de la fe o de la unión de las mentes en una asociación de mente maestra.

Sabemos por observación y experiencia que cuando los siguientes principios se combinan en la mente, producen un poder mental que raya en lo milagroso:

- Definitividad de propósito
- Autodisciplina, a través del control de las emociones
- Fe aplicada

- Pensar acertadamente

- Pensamiento organizado, expresado por medio de la acción

- Atención controlada

Aquí tenemos una combinación de principios capaces de producir el poder suficiente para la solución de prácticamente todos los problemas humanos. Si los aplicas con diligencia, crearás para ti una vida de intencionalidad, propósito y libertad mental. Si los descuidas, desperdiciarás este increíble recurso que tienes a tu disposición —tu propio poder mental— y te impedirás experimentar y disfrutar todo lo que tu vida podría haber sido.

Estos principios se necesitan aplicar para generar poder. La simple lectura acerca de ellos no creará resultados, aunque pondrá en marcha los pensamientos correctos en tu mente para que comiences tu travesía.

Además, es importante que aprecies y disfrutes de la travesía. No trates tu propósito principal simplemente como un objetivo final; ése es el objeto que se asocia a tu propósito. El propósito se encuentra al buscar cumplir metas dignas. Está en las acciones diarias que requieren intencionalidad, los pensamientos minuto a minuto que ofrecen elevar tu mente a mayores alturas, los segundos que pasas enfocado en qué clase de persona quieres ser y cómo esa persona se movería por el mundo y abordaría las alegrías y los desafíos que inevitablemente forman parte de la vida.

Esta filosofía del éxito, y los siete pasos descritos en este libro, te proveen de los bloques fundamentales para edificar una vida llena de sentido y significado.

Esta filosofía del éxito, y los siete pasos delineados en este libro, te proveen de los bloques fundamentales sobre los cuales edificar una vida llena de sentido y significado.

Si has seguido esta filosofía, ahora sabes lo que quieres, y has aprendido a pensar acertadamente para conseguirlo.

Tienes un Propósito Principal Definitivo en la vida y un plan para obtenerlo.

Has adquirido autosuficiencia y fe suficiente para todas tus necesidades.

Te has dotado de inmunidad contra todas las fuerzas sutiles que intentan arrebatarte la capacidad de controlar tus pensamientos.

Has encontrado la paz y la armonía dentro de tu propia mente.

Has aprendido a aceptar todas las circunstancias de tu vida y a sacarles el máximo partido.

Y has tomado posesión de tu propio poder mental y has adquirido la capacidad de dirigir ese poder hacia la obtención de tu Propósito Principal Definitivo en la vida.

Por lo tanto, has experimentado un cambio de vida que te da las riendas de tu destino, de manera que puedes determinar la dirección exacta en la que viajarás.

Recuerda que no tienes que aceptar de la vida nada que no sea lo que deseas de ella. No tienes que conformarte con nada que no sea la plena realización de tu propósito. Tienes la Llave Maestra del propósito en la forma en que creas, organizas y diriges tus pensamientos hacia fines mayores.

MI CAMINO HACIA PROPÓSITO
Diario personal

CAMINO HACIA EL PROPÓSITO

114

CAMINO HACIA EL PROPÓSITO

Tienes un Propósito Principal Definitivo en la vida, y un plan para obtenerlo.

ACERCA DE
NAPOLEON HILL

(1883-1970)

*"Recuerda que tu verdadera riqueza no se mide
por lo que tienes, sino por lo que eres".*

En 1908, durante una época especialmente baja de la economía estadounidense y sin dinero ni trabajo, Napoleon Hill aceptó un trabajo para escribir historias de éxito acerca de hombres famosos. Aunque no le proporcionaría muchos ingresos, le ofreció la oportunidad de conocer y perfilar a los gigantes de la industria y los negocios, el primero de los cuales fue el creador de la industria de acero de Norteamérica, el multimillonario Andrew Carnegie, quien se convirtió en el mentor de Hill.

Carnegie quedó tan impresionado por la mente perceptiva de Hill que, después de su entrevista de tres horas, le invitó a pasar el fin de semana en su residencia para que pudieran continuar la conversación. Durante los dos días siguientes, Carnegie le dijo a Hill que creía que cualquier persona podía alcanzar grandeza si entendía la filosofía del éxito y los pasos necesarios para lograrlo. "Es una lástima", dijo, "que cada nueva generación tenga que encontrar el camino del éxito por ensayo y error cuando los principios están realmente claros".

Carnegie continuó explicando su teoría de que este conocimiento podría obtenerse al entrevistar a aquellos que habían logrado la grandeza y luego recopilar la información y la investigación en un conjunto exhaustivo de principios. Creía que llevaría al menos veinte años, y que el resultado sería "la primera filosofía del mundo sobre el logro individual". Ofreció a Hill el desafío sin más compensación que la de que Carnegie haría las presentaciones necesarias y se haría cargo de los gastos de viaje.

Le tomó a Hill veintinueve segundos aceptar la propuesta de Carnegie. Carnegie le dijo después que si se hubiera tardado más de sesenta segundos en tomar la decisión, habría retirado la oferta, porque "no se puede confiar en un hombre que no puede tomar una decisión con prontitud, una vez que tiene todos los datos necesarios, para que lleve a cabo cualquier decisión que tome".

Fue a través de la dedicación incansable de Napoleon Hill como se escribió su libro *Piense y hágase rico*, del que se han vendido más de 80 millones de ejemplares.

¡ GRACIAS POR LEER ESTE LIBRO!

Si alguna información le resultó útil, tómese unos minutos y deje una reseña en la plataforma de venta de libros de su elección.

¡REGALO DE BONIFICACIÓN!

No olvides suscribirte para probar nuestro boletín de noticias y obtener tu libro electrónico gratuito de desarrollo personal aquí:

soundwisdom.com/español